Die schönsten
5 Minuten-Geschichten
zum ersten Selberlesen

gondolino

ISBN 978-3-8112-3427-7
2. Auflage 2020
© für diese Ausgabe: gondolino GmbH, Bindlach 2017
Umschlagillustration: Marina Krämer
Umschlaggestaltung: Vanessa Braun
Printed in the EU

Der Umwelt zuliebe gedruckt auf chlorfrei gebleichtem Papier.

www.gondolino.de

Inhalt

Das Feenbaby

„Lia ist das schönste Feenbaby
der ganzen Welt!", findet Feenpapa Lino.

Er küsst ihre kleinen Händchen
und kitzelt ihr Bäuchlein.
Lia lacht. Sie mag das gern.

Eines Tages kommt Post
von der Feenkönigin.
Sie braucht ein neues Kleid.

Feenmama Susu soll es schneidern.
Nur sie kann aus Rosenblättern
so zarte Kleider zaubern.

Susu packt ihre Glockenblumentasche
und gibt Lia einen Feenkuss.

„Und bitte denk daran:
Blütensirup ist nichts für Babys!",
ruft Susu Lino zu und fliegt davon.

Aber Lino hat nicht richtig zugehört.
Er kocht das Abendessen:
Grießbrei mit Blütensirup.

Lia schaukelt in ihrer Blumenwippe.
Der Brei schmeckt gut!
Schon wirkt der Zaubersirup.

„Dada!", sagt Lia,
und Papa Lino schwebt an die Decke.

Lia kichert, weil Papa
so lustig mit den Füßen strampelt.

Papa staunt, was Lia plötzlich alles kann.
Sie zaubert Papa einen langen Bart.
Er sieht aus wie der Weihnachtsmann.

Dann wird Lias Teddy lebendig
und brummt ein Schlaflied.

Davon schläft Lia endlich ein
und der Zauber ist vorbei.

Feenmama Susu kommt zurück.
Sie will wissen, ob alles gut ging.
„Alles prima!", schwindelt Lino.
„Dann ist es ja gut!", lächelt Susu
und versteckt den Blütensirup
ganz hinten im Küchenschrank.

(K)ein großer Katzenfreund

Jakob wundert sich.
Mama steht seit Stunden
in der Küche.

Und Papa putzt so hektisch herum,
dass sich Tiger verkrochen hat!
Was ist nur los?

„Heute kommt Herr Fritz zu Besuch",
erklärt Papa schließlich.

Ah, jetzt versteht Jakob!
Herr Fritz ist Mamas Chef.

„Tiger bleibt besser in deinem Zimmer",
sagt Mama zu Jakob.
„Ich habe nämlich gehört,
dass Herr Fritz keine Katzen mag."

Jakob kann diesen Herrn Fritz
schon jetzt nicht leiden.
Wütend stapft er in sein Zimmer.

Da klingelt es!
Herr Fritz hat Blumen mitgebracht.

Papa serviert das Essen.
Mama versucht,
entspannt auszusehen.

„Komm, Jakob, sag kurz Hallo!",
flötet Mama durch die Tür.
Jakob seufzt.
Aber dann geht er ins Esszimmer.

„Ah, der Junior!", lächelt Herr Fritz.
Weiter kommt er nicht.

Denn plötzlich ist Tiger da!
Oh nein! Jakob versucht,
den Kater zu packen.

Tiger erschrickt,
springt zur Seite
und verkrallt sich in der Tischdecke …

„TIGER!!", donnert Papa.
Zu spät.
Schon geht die Decke zu Boden.
Der Teller mit dem Braten kippt …

… in den Schoß von Herrn Fritz!
Alle erstarren.

Bis Herr Fritz zu lachen beginnt.
Mama schaut ihn unsicher an.
Aber dann prustet auch sie los.

Jetzt stimmen auch Papa und Jakob ein.
Bald kringeln sich alle vor Lachen.

Später gibt es superleckere Pizza.
Die fleckige Hose liegt auf der Heizung.
Und Tigers Kopf
an der Brust von Herrn Fritz.
Na, so was ...!

Roberto

Roberto ist neu in der Klasse.
Er kommt aus Italien.

Wenn er redet, wedelt er
heftig mit den Händen.
Das sieht lustig aus.

Roberto sitzt neben Luise.
Darüber freut sich Luise.
Roberto hat so schöne
schwarze Locken.

Wenn Roberto Quatsch macht,
haben die Kinder viel Spaß
und lachen.

Nur Sophie lacht nicht.
Seit Roberto da ist,
hat Luise keine Zeit mehr für sie.

In der Pause zeigt Roberto Luise,
wie man Räder schlägt.
Sophie spielt alleine mit ihrem Ball.

Plötzlich kommt der freche Fred
und schießt Sophies Ball
auf den großen Baum.

Fred und seine Freunde grinsen.
Sophie weint. So eine Gemeinheit!

Da kommt Roberto angerannt.
„Lass Sophie in Ruhe! Capito?",
sagt er zu Fred.

Und schon klettert Roberto,
geschickt wie ein Eichhörnchen,
auf den großen Baum.

Immer höher und höher
steigt er den Stamm hinauf.

Vorsichtig balanciert er auf einen Ast.
Dort am Ende liegt Sophies Ball.

Sophie hält den Atem an.
Hoffentlich fällt Roberto nicht herunter!

Aber Roberto erreicht den Ball
mit dem Fuß
und kickt ihn zu Sophie hinunter.

Schon steht Roberto wieder neben ihr.
„Alles in Ordnung, Signorina?"
„Ja, danke!", strahlt Sophie.

„Dann können wir ja jetzt
alle miteinander Ball spielen!",
schlägt Roberto vor.

Fred guckt mürrisch
zu seinen Kumpels.
Aber schon kickt ihm Roberto
den Ball zu.
Das Spiel beginnt,
und alle machen mit.

Luise drückt Sophies Hand.
„Roberto ist so nett!", lacht Sophie.
„Wie gut, dass er unser Freund ist."

Emma will auch mit!

„Du bist noch zu jung, Emma",
sagt die Meereskönigin.

„Erst wenn deine rote Flosse
grün geworden ist,
kannst du mit."

Emma ist traurig.
Alle anderen Meermädchen
dürfen das Meer durchkreuzen.

Nur sie soll ganz allein
im Meermädchenreich bleiben.
Das ist ungerecht!

„Stell dir mal vor,
uns greift ein Hai an",
sagt die Königin.

„Dann mach ich
einfach das", sagt Emma.
Sie schwimmt so schnelle Haken,
dass allen ganz schwindlig wird.

„Und wenn wir dich
im Algenwald verlieren?",
fragt die Königin.

Emma macht einen Handstand
und wackelt ein paarmal
mit ihrer knallroten Flosse.
So sieht sie jeder.

„Und wenn dich
die böse Meerhexe fangen will?",
fragt die Königin.

Emma taucht kopfüber
in ein rotes Korallenriff.
Jetzt sieht sie niemand mehr.

„Hm", macht die Königin.
„Und wenn du plötzlich
nicht mehr kannst?"

Emma lässt den Kopf hängen.
Darauf weiß sie keine Antwort.

„Wenn Emma nicht mehr kann,
dann ziehen wir sie eben",
ruft da ein Meermädchen.

„Ja", jubeln auch die anderen.
„Sie muss sich nur
an unseren Flossen festhalten."

Die Königin lächelt.
„Ihr lieben Meermädchen!",
sagt sie ganz gerührt.

„Also gut, kleine Emma,
dann mach dich schnell fertig!
Wir sind spät dran."

Da zieht Emma ihren Rucksack
aus Seegarn hervor.
„Ich hab doch
schon längst gepackt", kichert sie
und gibt der Meereskönigin
einen dicken Kuss auf die Wange.

Wo ist Milli?

„Milli, wo bist du? Miiiilliiii!!"
Sarah sucht ihre kleine Katze.

Liegt sie etwa unter dem Sofa?
Oder auf dem Bett?
Nein, keine Spur von Milli!

Vielleicht ist Milli ja im Garten!
Sarah stürmt nach draußen.

Nanu, woher kommt denn
dieses klägliche Miauen?
Suchend blickt Sarah sich um.

Oje, Milli sitzt im Apfelbaum
und traut sich nicht hinunter!

Was soll Sarah nur tun?
Mama ist einkaufen gegangen.
Sarah ist ganz allein.

Ob sie die Feuerwehr rufen soll?
Sarah zögert.

„Ist das da oben deine Katze?",
fragt plötzlich jemand.
Sarah blickt sich um.
Am Zaun steht ein fremdes Mädchen.

Jetzt kommt es näher und sagt:
„Hol mal ein paar Leckerlis!"

Sarah nickt und rennt los.
Sie ist froh zu wissen,
was zu tun ist.

Als sie zurückkommt,
schnappt sich das fremde Mädchen
die Leckerlis und schwingt sich
auf den ersten Ast.

Sarah reißt die Augen auf.
Wie geschickt die andere
klettern kann!

Jetzt hat sie Millis Ast erreicht.
Sie streckt die Hand aus
und spricht auf das Kätzchen ein.

Sarah hält unten den Atem an.
„Bitte!", flüstert sie. „Sei brav, Milli!"

Gott sei Dank!
Milli lässt sich auf den Arm nehmen.
Dann geht es ganz vorsichtig abwärts.

Überglücklich nimmt Sarah
ihr Kätzchen in Empfang.

„Wieso kannst du so gut klettern?",
fragt Sarah später.

„Ich komme aus der Schweiz",
erklärt Anna, Millis Retterin.
„Da waren Papa und ich
oft auf Klettertour in den Bergen."

„Von so weit her kommst du?"
Sarah staunt.
„Fühlst du dich denn
noch fremd hier?"
Ihre neue Freundin lächelt.
„Jetzt nicht mehr ..."

Die große Schaumschlacht

Pirat Ben ist
der Schrecken
der Meermädchenbucht.

Am liebsten ärgert er
die kleine Meeresprinzessin Anne.
Heute will er
ihre Zaubermuschel stehlen.

„Meine Zaubermuschel
kriegst du nie,
du stinkende Schiffsratte!",
ruft Prinzessin Anne.

„Hohoho", lacht Pirat Ben schaurig.
„Das werden wir ja sehen!"

Blitzschnell wirft er seine Angel
nach der Muschel aus.
Aber die Prinzessin
weicht flink aus.

„War das alles?", ruft sie frech
und spritzt dem Piraten
Wasser ins Gesicht.

„Na warte, du kleine Meerhexe!"
Pirat Ben zückt eine Pistole.

„Jetzt hab ich aber genug!",
zischt Prinzessin Anne.
Wie wild platscht sie
mit ihrer Flosse im Wasser.
Das gibt eine Menge Schaum.

„Auf zur großen Schaumschlacht!",
ruft Prinzessin Anne.

„Kanonen klarmachen!",
grölt Pirat Ben.
„Was ist denn hier los?",
kreischt eine andere Stimme.

„Kinder, man sieht das Schloss
ja gar nicht mehr
vor lauter Schaum.
Streitet doch nicht immer so!"

Die Meereskönigin guckt böse.
„Wir streiten doch gar nicht!",
rufen Anne und Ben.

„Morgen spielen wir weiter",
flüstert Meeresjunge Ben
und versteckt die Wasserpistole
schnell hinter seinem Rücken.
„Klar, du Pupspirat",
kichert die Meeresprinzessin leise.

So ein Theater!

„Am Schulfest führen wir
ein Theaterstück auf!", sagt Herr Bach.

Die Kinder freuen sich.
Theaterspielen ist toll!

Zuerst machen die Kinder
richtige Schauspielübungen.
Sie strecken sich und gähnen.

Sie schleichen wie eine Katze.
Sie brüllen wie ein Löwe.

Bald schon üben die Kinder
mit richtigen Kostümen.

Jana ist eine schicke Gräfin
mit einer teuren Glitzerkette.

Ein Dieb klaut die Kette
und versteckt sie im Kronleuchter.
Tom ist der Detektiv.
Er soll die Kette wiederfinden.

Valentin ist sauer, dass er
nicht der Detektiv sein darf.
Er spielt nur den Diener,
und Tom lacht ihn aus.

Endlich ist es so weit!
Das Schulfest beginnt.
Die Theaterkinder stehen bereit.

Der Vorhang öffnet sich.
„Hilfe, Hilfe!", ruft die Gräfin.
„Meine Kette ist verschwunden!"

Da kommt Tom, der Detektiv.
Er hat eine dunkle Sonnenbrille auf
und trägt einen eleganten Anzug.

Tom sucht und sucht.
Aber er findet die Kette nicht.
Sie hängt nicht wie abgesprochen
im Kronleuchter.

Tom ist verzweifelt.
Die Zuschauer halten den Atem an.

Niemand sieht die Glitzerkette
unter dem Rock.
Zu dumm! Sie muss vom Kronleuchter
wieder heruntergefallen sein.

Valentin bemerkt plötzlich ein Glitzern
unter dem Saum des Rockes.
Valentin ist schlau. Er hat eine Idee!

Unbemerkt schnappt sich Valentin
die Kette.
Er legt sie auf sein Silbertablett
und läuft zu Tom.

„Ein Glas Sekt, der Herr Detektiv?",
fragt Diener Valentin höflich.
Tom starrt überrascht auf das Tablett.

Doch dann nimmt er die Kette,
schmuggelt sie unauffällig
in den Kronleuchter
und fischt sie sofort wieder heraus.

Mit einer Verbeugung überreicht Tom
der Gräfin die Kette.

Die Zuschauer klatschen begeistert.
„Bravo! Bravo!", rufen sie
immer wieder.

Die Kinder verbeugen sich.
Sie freuen sich
über den großen Applaus!

„Danke, dass du mich gerettet hast!",
sagt Tom erleichtert.
„Schon gut, du Superdetektiv!",
grinst Valentin.

Die schönste Überraschung der Welt

Nelli ist ja sooo aufgeregt!
Mira, die Katze der netten Nachbarn,
hat Junge bekommen!
Vier süße kleine Katzenbabys.

Und heute darf sich Nelli
die Kleinen mit Mama anschauen.

Die Nachbarin führt
Nelli und Mama ins Wohnzimmer.

Nelli schnappt nach Luft.
Was für ein süßer Anblick!

Mira liegt stolz in ihrem Körbchen.
Dicht kuscheln sich die Kleinen
an ihre Mama.

Ihre Augen sind geschlossen.
Und ihr Fell sieht seidenweich aus.

Auf Zehenspitzen tritt Nelli näher.
„Keine Angst, Mira!",
flüstert sie.

„Ich tu deinen Babys nichts.
Ich schaue sie mir nur an, ja?"

„Na, gefallen dir die Kleinen?",
fragt Mama von hinten.

Nelli nickt heftig.
Was für eine Frage!
Mama weiß doch,
wie sehr sie sich ein Kätzchen wünscht!

Aber Mama ist den ganzen Tag im Büro.
Die Katze wäre zu lange allein,
hat Mama Nelli erklärt.

Das hat Nelli eingesehen.
Auch wenn es traurig ist …

„Welches Kätzchen hättest du denn
am liebsten?",
fragt Mama in Nellis Gedanken hinein.

WIE BITTE??!!
Nelli fährt herum.

Da lächelt Mama und sagt:
„Ich kann bald mehr
von zu Hause aus arbeiten.
Und deswegen …"
Weiter kommt sie nicht.
Da stürzt Nelli schon in ihre Arme.

Lesepatentante

Milena ist eine Leseratte.
Wo sie geht und steht
hat sie ein Buch vor der Nase
und liest.

Märchen findet Milena wunderbar.
Dornröschen ist ihr Lieblingsmärchen.

Heute ist ein besonderer Tag
für Milena.
Sie wird die Lesepatentante
vom kleinen Toni aus der 1a.

Jede Woche wird Milena nun
mit ihrem Patenkind lesen.
Milena freut sich.

Viele aufgeregte neue Onkel
und Tanten
stehen vor den Erstklässlern.

Die Lehrerin stellt die Kinder vor.
„Lieber Paul, das ist dein Onkel Jan!
„Liebe Jule, das ist deine Tante Susi."

Milena ist so aufgeregt.
Wer von all diesen Kindern ist Toni?
Etwa der mit dem roten Schopf?

Nein, Toni ist der Junge
mit den lustigen Sommersprossen.
Milena begrüßt ihn freundlich.

Die beiden suchen sich
einen gemütlichen Leseplatz
direkt in der Kuschelecke.

Anna und Otto
spielen
mit dem Hund.
Otto wirft
einen Stock.
Der Hund
flitzt los

Toni liest aus der Fibel vor.
Sein Finger wandert von Wort zu Wort.

Lesen ist noch schwer für Toni.
„Du machst das gut!", lobt Milena.

Dann kommt ein schwieriges Wort.
Toni kann es nicht lesen.

„Du bist doof!", sagt er zu Milena.
Bockig verschränkt Toni die Arme.

„Gibt es Probleme?", fragt Frau Bär.
Milena hat Tränen in den Augen.
„Toni mag mich nicht!", sagt sie.

Frau Bär streichelt Milenas Rücken.
„Ich habe dir zugesehen!", sagt sie.
„Du bist eine gute Patentante.
Lesen ist einfach noch schwer
für Toni."

Dann liest Milena Toni
ein Märchen vor.
Es erzählt von einer Prinzessin
und einer riesigen Dornenhecke.

Milena kann wunderbar lesen.
Mit großen Augen hört Toni ihr zu.

An der spannendsten Stelle
kuschelt er sich ganz fest an Milena.

Die Lesestunde ist zu Ende.
„Das war so schön!", sagt Toni.
„Ich mag dich gern, Milena!"

Danke, kleines Meermädchen!

Lisa Meermädchen schwimmt
gern auf Schatzsuche.

Sie sammelt alles,
was glitzert und funkelt:
Perlen, Muscheln
und bunte Scherben.

Plötzlich kommt
der kleine Delfin Tito angeflitzt.
„Warum bist du so aufgeregt?",
fragt Lisa verwundert.

„Komm schnell
mit nach oben", ruft Tito.
„Da ist ein riesengroßes Schiff!"

Lisa weiß nicht so genau.
Die Menschen sind ihr
ein bisschen unheimlich.

Aber sie ist auch neugierig.
„Na gut, wir können ja
ganz kurz auftauchen", sagt Lisa.

Die beiden verstecken sich
hinter einem großen Felsen.
Von hier aus können sie
alles beobachten.

Es sind viele Menschen an Deck.
Sie lachen,
machen Musik und tanzen.

Plötzlich spürt Lisa
dicke Regentropfen.
Es blitzt und donnert.

„Ein Gewitter!",
rufen alle aufgeregt.
Jetzt kommt auch noch
ein Sturm auf.

Der Steuermann kann das Schiff
kaum noch lenken.

Es treibt immer weiter
aufs Meer hinaus.
Die Menschen auf dem Schiff
haben Angst.

„Los, Tito, wir müssen helfen!",
ruft Lisa. Es ist ihr egal,
dass der Steuermann sie sieht.

Sie springt aus den Wellen
und schnappt sich ein Schiffstau.
Das knotet sie am Felsen fest.

„Geschafft!", freut sich Lisa.
Das Schiff ist nun sicher.
Schnell tauchen sie und Tito unter.

Bald scheint die Sonne wieder.
Ihre Strahlen malen lustige Kringel
auf den Meeresboden.

„Schau mal, Tito, ein Schatz!
Da, zwischen den Steinen!"
Lisas Augen werden groß.

Eine Flasche!
Darin steckt ein Kettchen
mit einem kleinen goldenen Anker.

Und auf einem Zettel steht:
Danke, kleines Meermädchen!
Sven Steuermann

Der Geburtstagswunsch

Lea hat heute Geburtstag.
Sie bringt Schokoladenkuchen mit.

„Herzlichen Glückwunsch!", ruft Pit.
„Mhm, Kuchen!", freut sich Juliana.

Stolz setzt sich Lea
auf den bunten Geburtstagsteppich.

Frau Sommer zündet eine Kerze an,
und die Kinder singen
ein Geburtstagslied für Lea.

Dann essen sie miteinander
Leas leckeren Schokoladenkuchen.

„Lea darf sich etwas wünschen!",
sagt Benedikt.
„Wenn wir die Daumen drücken,
dann geht der Wunsch in Erfüllung."

Sofort denken alle Kinder
an den kleinen Pipsi.

Pipsi ist Frau Sommers Wellensittich.
Sein Käfig steht auf dem Fensterbrett.
Aber der Käfig ist leer!

Gestern ist der kleine Pipsi
durch das offene Fenster ausgerissen.

Lea wünscht sich ganz fest,
dass der kleine Pipsi zurückkommt.
Alle Kinder drücken die Daumen.

Pipsi soll wieder mitzwitschern,
wenn die Kinder singen.

Und über ihre Köpfe flattern,
wenn sie schwierige Aufgaben
rechnen müssen.

Da klopft es leise gegen das Fenster.
Pick, pick, pick. Was ist das nur?

Pipsi! Lea entdeckt
den kleinen Ausreißer als Erste.

Schnell öffnet Lea das Fenster.
Pipsi fliegt auf Leas Schulter
und knabbert zart an ihrem Ohr.

Die Kinder jubeln,
und Frau Sommer strahlt.
Das Daumendrücken hat geholfen!

In der Meermädchenschule

Clara geht in die erste Klasse
der Meermädchenschule.
Bei Herrn Neunauge
muss sie Zählen üben.

Frau Tintenfisch
bringt den kleinen Meermädchen bei,
wie man ordentlich schreibt.

Und bei Herrn Knurrhahn,
dem mürrischen Lehrer,
haben sie Meereskunde.

Am liebsten mag Clara
den Schwimmunterricht.

Die Meermädchen lernen
bei Herrn Krabbe
Slalomschwimmen.

Herr Leuchtfisch zeigt ihnen,
wie man im Dunkeln taucht.
Das ist gar nicht so leicht.

„Meermädchen sind keine Seekühe",
sagt Frau Schleierfisch immer.
Bei ihr haben sie Schönschwimmen.

Bei Herrn Buckelwal
müssen die Meermädchen
schwere Sachen nach oben tauchen.

„Das ist sehr wichtig", erklärt er.
„Vielleicht müsst ihr ja
mal einen dummen Menschen retten."

Am letzten Schultag
vor den großen Meeresferien
ist Clara sehr aufgeregt.

Heute ist nämlich
das große Vorschwimmen
bei Herrn Direktor Seepferd.

Alle Meermädchen
schaffen ihre Aufgaben.
Dann ist Clara dran.

Sie soll eine Schleife schwimmen,
die aussieht wie eine Brezel.
Claras Flosse zittert vor Angst.

Aber dann lächelt der Direktor
sie ganz freundlich an.
Clara lächelt zurück
und fasst sich ein Herz.

Sie nimmt Anlauf und schwimmt
die beste Brezelschleife
der Meereswelt.

„Gut gemacht!",
lobt sie der Direktor.
Und Clara empfängt stolz
ihr Seepferdchen-Abzeichen.

Der Retter

Max ist stolz:
Er darf Katze Finchen versorgen,
während die Nachbarn verreist sind.

Jeden Tag geht Max hinüber
in die andere Wohnung.
Dort füttert er Finchen.

Sie streicht um Max' Beine
und reibt ihren Kopf an seiner Hand.
Das heißt:
Schön, dass du da bist!

Dann spielt Max mit der Katze,
bis sie vor Behagen schnurrt.
Das macht beiden Spaß!

Heute ist Max' Mama mitgekommen,
um Finchens Streu zu wechseln.
„Huhu, wo steckst du, Finchen?",
ruft Max lockend.

Nichts. Alles bleibt still.
Max hat plötzlich ein seltsames Gefühl.

Und dann entdeckt er Finchen:
Die kleine Katze liegt reglos am Boden.
Ihre Augen sind glasig.

„Oje, sie scheint krank zu sein!",
sagt Mama erschrocken.

Max' Blick schweift durch den Raum.
Da, die zerbissene Schachtel!
„Oh nein, sie hat Tabletten gefressen!",
ruft Max aus.
„Wir müssen sofort zum Tierarzt!"

Mama und Max wickeln Finchen
vorsichtig in eine Decke
und tragen sie zum Auto.
Zum Glück ist der Tierarzt nicht weit!

Max gibt Doktor Murr
die zerbissene Schachtel.

Der Arzt nickt anerkennend.
„Danke, jetzt weiß ich,
was Finchen gefressen hat.
So kann ich ihr viel besser helfen."

Tatsächlich erholt Finchen sich schnell.
Bald ist sie so frech wie früher.

Finchens Besitzer sind heilfroh,
dass alles gut gegangen ist!

Zum Dank
bekommt Mama einen Blumenstrauß
und Max ein tolles T-Shirt.
Was da wohl draufsteht?

Quellenverzeichnis

Das Feenbaby
aus: Sabine Kalwitzki, **Lesetiger-Feengeschichten**
mit Illustrationen von Tina Prechtel
© 2008 Loewe Verlag GmbH, Bindlach

(K)ein großer Katzenfreund, Wo ist Milli?,
Die schönste Überraschung der Welt, Der Retter
aus: Katja Reider, **Lesetiger-Katzengeschichten**
mit Illustrationen von Lisa Althaus
© 2010 Loewe Verlag GmbH, Bindlach

Roberto, So ein Theater!, Lesepatentante,
Der Geburstagswunsch
aus: Sabine Kalwitzki, **Lesetiger-Schulklassengeschichten**
mit Illustrationen von Katharina Wieker
© 2006 Loewe Verlag GmbH, Bindlach

Emma will auch mit!, Die große Schaumschlacht,
Danke, kleines Meermädchen!, In der Meermädchenschule
aus: Annette Moser, **Lesetiger-Meermädchengeschichten**
mit Illustrationen von Marina Krämer
© 2011 Loewe Verlag GmbH, Bindlach